La vida en una granja

escrito por Margie Burton, Cathy French y Tammy Jones
adaptado por Raquel C. Mireles

Yo estoy ordeñando la vaca.

Yo estoy manejando el tractor.

Yo estoy montando el caballo.

Yo estoy cortando la manzana.

Yo estoy escarbando la tierra.

Yo estoy cortando la leña.

Yo estoy alimentando el becerro.

Yo estoy horneando los pasteles.